갈대꽃 삭고
파문 눈뜨고

이창식 시집 2

시인의 말

마음이 떠돈다

바람風 같고
바람望 같고
늪에 갇혀 허우적거리고
맴을 돌다 사라진다

징검다리 건너듯
계절을 건너고
하늘을 질주한다

손끝에 잡힐 듯 말 듯
귓속말을 걸어두고
바람이 된다

시詩가 그렇다

2025년 1월 말일
이창식

이창식 시집 2 / **갈대꽃 삭고 파문 눈뜨고**

시인의 말

1부

일출	10	나를 사랑한다는 말	22
봄날	11	어느 배롱나무꽃	24
냉이할머니	12	우도 뱃길	25
말 지우기	13	그리움	26
이런 날도 있다	14	세월을 놓치다	28
여좌천의 물빛	15	가을에 젖는다	29
순천만 갈대밭 5월	16	연리목의 노래	30
청소	17	벼랑의 제왕 매	32
꽃의 표정	18	동백에 눈꽃 피다	33
기다림	19	겨우살이	34
산나리 동네	20	갈대꽃 삭고 파문 눈뜨고	36
한라산 둘레길 고사목	21	아이 아니에요	38

2부

아름다운 꿈	40	기막힌 피서	60
샛별	41	노을에서	62
어느 청년의 인생 계획	42	생각의 실눈 뜨일 때	64
뒤집어 볼 수 없는 속	44	무엇이 될까	65
돌탑	45	마음의 빛깔을 찾아	66
사는 길	46	팝콘	67
친구 생각	48	바람의 끝	68
자신을 이긴다?	49	동전이 씹힌다	70
남강의 추억	50	오동도 등대	71
굽음의 묘	54	겨울 막고 서서	72
억지 생각	56	망향	73
사지가 타오르는 것 같았다	58	욕망은 무엇인가	74

3부

옛 생각	78
매화의 봄	79
봄이 오는 길	80
청춘	81
새벽의 되새김	82
두 번 아프다	83
밤바다	84
어머니와 아들	85
백내장 수술 뒤	86
어쩌면 좋니	88
흑싸리 쭉정이의 반격	89
엽서 한 장	90
세월 잘라 먹기	92
실눈 뜨고서	94
비로소 아는 것	95
가족은 하나같은 여럿	96
마음만 떠돈다	98
사는 것이 다르다	99
얼음 폭포	100
마음의 동거	102
진료대기실에서	103

4부

해를 보내면서	106	통합의 노래	122
내 차의 쓴말	107	노벨인류꿈상	124
친구는 친구로다	108	불곰 한 마리	126
햇살에 익는다	110	영화의 배턴 터치	128
다툼의 파수꾼	111	수컷 은행잎의 하소연	130
폭우	112	고드름	131
늙은 선풍기	114	대한의 봄	132
돈나무	116	누이 생각	133
사람이 자연이다	118	안녕, 친구들 안녕!	134
선거 뒤풀이	120		

평설
공감각적 심상의 표현과 물활론적 세계관　**지은경**　136

1부

갈대꽃 삭고 파문 눈뜨고 외

일출

어!
게눈 솟듯 눈뜨네
새털처럼 가볍군
세상을 불사른다
불꽃휘몰이
뜨거워라!

한 세상은 재 되고
젖니 빠진 자리
새 이빨 섰구나
세상을 돌리리
후진 곳 없이
아픈 곳 없이

어머니의 물레같이
편안하고 공평하게
새 것 빚으리라
새 세상 여리라
따뜻함이여!
청사靑蛇의 똬리 같은
꿈이여!

봄날

오솔길 걷다가
굼틀 봄이 밟힌 듯하여
까치발로 눈치 살핀다

키 작은 민들레
노란 웃음 짓고
쫑긋쫑긋 풀싹 만세 부른다

발아래 딴 세상
함부로 발 내민 일
이렇게 미안한 날도 있다

눈뜨고 못 보는 것
봄을 딛고서야 봄을 알고
길섶에 앉아 봄이 되었다

냉이할머니

냉이 뿌리
얼굴에 굼틀 손등에 굼틀
가게 앞 양달에 쭈그리고
냉이를 가린다
가며 보고 오며 보는데
줄지 않는 할머니 소쿠리
쳐다보는 손님도 없는데
소쿠리에서 서커스 하는 냉이

냉이 나물의 냉이 냄새
할머니 손 냄새다
손등에 기어 다니던 냉이뿌리가
쫄깃쫄깃 씹힌다
봄이 젓가락 타고 오른다

말 지우기

말을 대패질한다

편한 한마디 말
글 되면 비척이고
더 콧대 세우는 글

시의 얼굴은 글
말에서 시작하지만
날개 달고 떠도는 글

말을 깎아서
시의 옷을 입히다 보면
말뚝 하나만 우뚝

시 쓰기는
말 지우기다

이런 날도 있다

언 가슴 녹이고
꽃 타령 드높더니
한 점 봄바람의 날개 되어
하늘하늘 하늘을 난다
매화가 바람 되는 날

삶을 김밥으로 말아
'돈을 두고는 못 살겠더라'
빈 주머니를 기부로 채운 일상
손발의 가지에 붉은 꽃 피우고서
춘자*씨가 꽃잎으로 지는 날

은빛 햇살
커피 잔에 저어
쉬엄쉬엄 심호흡 하고픈 날

* 열 살부터 아흔 다섯까지 평생을 김밥 말아 기부한 박춘자 할머니

여좌천의 물빛

여좌천*에 꽃비 내린다
벚꽃 어깨춤 따라
하늘이 춤춘다
나비 날갯짓 따라
사랑이 들썩인다

지팡이 잊고
허리 한 번 서고
흔들리는 둥치 따라
옛 꿈 지고
새 꿈 피어난다
발아래
하늘눈이 반짝인다

여좌천에 꽃이 진다
꽃나비 떼로 날고
청사초롱 수줍다
여좌천이 철들었다

* 여좌천 : 진해 벚꽃거리에 흐르는 내

순천만 갈대밭 5월

문득 바다 가운데 섰다
사락사락 밀려와 울타리 치고
빠져갈 길 없는 비췻빛 바다
긴 호흡하고 서 있으면
양팔 사이로 가랑이 사이로
간질간질 스며드는 초록물
선 채로 푸른 산호가 되었다

간들간들 허리 채
보들보들 껴안고
삐우-삐우- 속삭이고
망뚱어랑 농게 펄 밖에 불러
못난이 인물 경연한다
재미에 빠진 아이
엄마 손 놓고 갈 길 놓쳤다

빛깔을 감춘 바람
초록을 뿌렸다가
갈색을 뿌렸다가
사람을 여울에 가두고
빙글빙글 돌린다
혼을 뺀다

청소

책상 밑처럼
침대 밑처럼
머릿속에도
살짝살짝 먼지가 쌓이는 듯
희뿌옇고 무겁다

대비로 마당에 무지개 그리고
부스러기 더미 쌓아
성냥불 그어 붙이면
싸락싸락 피어오르던 파란 마음
오순도순 그 마당이 그립다

씽씽씽 빨아들이고
안 보이는 구석구석까지
쓰륵쓰륵 밀고 나니
머릿속에도 씨줄 날줄이 서고
바람이 지나고 새살이 돋고
이제야 마음껏 가볍다
파란 마음으로
하늘 높이 날고 싶다

꽃의 표정

색동저고리인들
오색무지개인들
벌 나비 부르지 못하고

어느 쪽이 뿌리이든
청출어람이네
가녀려서 아프고
나풀거리는 비단 자락
양귀비보다 더 붉은 양귀비
나비 같고 접시 같고 초롱 같고
빛깔도 표정도 감추고서
내공의 달콤함까지

날개 하나의 밀어
물결 타는 연정
손끝에서 손끝으로
가슴에서 가슴으로
불놀이하는 사랑의 화신化身

기다림

달님,
두 손으로
봉오리 감싸 입김 불어
여기저기
달빛 등불 밤을 새운다

하나 둘 등불 지면
달님의 아가들 머리 든다
해님 유모
따사롭게 감싸고
비바람 불러 얼굴 씻기고
솜털 깎고 뽀얗게 화장하면
둥글둥글 엄마 얼굴
동글동글 아가 얼굴

허리 굽은 할머니
소쿠리 들고 와
고추랑 가지랑 이야기 걸고
넓적한 이파리 젖혀보고
박 얼굴들 인물 감별하고
머뭇머뭇 되돌아선다

산나리 동네

산마을에 등불 걸렸네

팔등신 미인들
눈초리 치켜뜨고
불붙은 황금 볼에
연지자국 꿈결인 듯

간들간들 눈썹꽃밥
꽃분 뿌려 님 마중
단 음식 붉은 꽃상
안방에다 모시겠지

세상이 비단 같고
마음이 날개 달던
발돋움 높이 하고
산나리 꽃잎 같던

첫여름 초대장 받아 들고
아슴아슴 옛 여인 떠오른다

한라산 둘레길 고사목

백년 선 자리에
백년 삭이는 자리
후손들 허리 굽혀 서고
백골을 휘날린다
멧새 딱따구리 교대로 문안 오고
무상무념 입 없는 입으로
공수래공수거를 가르친다

그 목신의 제단에
동백은 붉어 목을 놓고
제 길 잃고 산길 가는 사람들
고통 감추고 숨조차 끊고서
처연한 늙은이의 생에 머리 숙인다

나는 홀연히 넋을 놓고, 차라리
한 마리 산새이어라
한 떨기 숲 가족이어라
너도 나도 제 봇짐 겨워
거울 앞에 통곡을 삼키고 섰다
백년을 거슬러 가고 있다

나를 사랑한다는 말

나를 사랑해 본 기억이 없다
내가 너무 불쌍했다

나를 사랑하기로 했다
그리고 가수가 되었다

어느 시각장애인 가수
메아리 같은 그의 고백
나를 사랑한다는 말
스스로 사랑하라는 말
흔한 이 말, 흔해서 못했다

가만히 내 속의 나를 본다
거기에 꿈틀거리는 나
'사랑하오'
미소가 피어난다

나에게
'사랑한다'고 말하는 것
참 쉽고
참 어려운 말이다
그러나 그 말
묘약이다

어느 배롱나무꽃

숨바꼭질하던 일이
실타래 같은 연緣 되었기로
자줏빛 샹들리에 아래
어깨 들썩이며 섰는가

무슨 업業에 매었길래
겹겹이 층층으로 한을 쌓고
손바닥 부채질하며
쏟을 듯 땀에 젖는가

가랑비처럼 스민 정이
그토록 붉은 것이어서
한여름 낮밤을 꼬박 채워
무더기로 그리움 달고서

원석이 얼굴 부딪쳐
무더기로 보석 된 아픔이
송아리 송아리 영글어
별이 되어 부서지는구나

우도 뱃길

꼭 사람 줄만큼
뱃길 간다
물길은 어디나 유랑길이고
마음은 바닷새가 된다
큰 섬 작은 섬 점 섬
하늘이 뿌려놓은 흔적들
크나 작으나 점이다

신의 재주 오묘한데
사람의 재주는 더 기묘하다
언제 작은 점에 발붙이고
다람쥐 쳇바퀴 돌리 듯
줄지어 점을 돌리는 전기차
섬의 문화가 바퀴를 타고
도시의 발자국이
켜켜이 쌓여 간다

우리들은 가이없는 해녀들*
섬 뿌리 들썩이던 휘파람
파도 따라 아련히 멀어졌나

* 해녀의 노래 중, 강관순 시

그리움

반딧불이
불티처럼 맴도는 밤
별의 푸른 눈 속에
불긋불긋 붉은 꿈
보석이 쏟아진다

개울물
유리구슬
개나리 진달래
아롱다롱 자운영
동양화 속 아이는
삘기* 뽑아 허기 채운다

쇠고삐 느슨히
풀밭 따라 가노라면
가랑이 치렁치렁
황소 몸통 둥둥둥
북소리 물소리
꼬르륵 고구마 생각

머릿속에 길 하나
폴짝폴짝 징검다리
가물가물 모롱이 돌아
한 세월 굽고 굽은 길
이끼 낀 바위는 키가 줄었다

* 띠의 새로 나는 어린 싹

세월을 놓치다

약수터 주변 산자락
굴참나무 식구 옹기종기 있어
개구리 겨울잠에서 첫눈 뜨듯
죽은 가지에 녹색 눈 틔울 때
내 속 어디에 새살 돋는 듯
온몸에 경련처럼 핏줄이 솟고
약수 한 모금 녹색 잎들 한 번
숨고르기 한 번 갈색 잎들 한 번
목을 얼리고 넘는 약숫물같이
북서풍에 얼얼한 검은 가지여

공연히 기웃대던
지난 계절의 질퍽한 발자국들이
태풍 맞은 듯 허허로운 딴 세상
순진한 해님 붉은 얼굴 가리고
오늘 내 속의 한 마디
'속절없구나'

가을에 젖는다

마트 과일 매대 새 손님 들었다
인물 중의 인물은 초록빛 사과
가슴에 '쿵' 사과 떨어지는 소리
여름의 꼬리가 발밑을 빠져 간다

훅훅 불을 토하던 계산대 아줌마
다다닥 다다닥 자판 손놀림 날고
햇볕은 백지장처럼 가볍고
하늘은 끝 모르게 떠올랐다

망향에 젖은 마음,
두고 온 것, 잊고 산 것
구릿빛 살을 태우던 개울의 바위
대소쿠리 붉은 고추 어머니 숨결

사립 밖 왕밤나무 알밤 내린다
이슬 덮고 새벽잠에 빠진 알밤
호주머니 가득 양손 가득
밤 한 톨 정 한 톨
소식 없는 친구 생각 끝없다

연리목의 노래
―한빛의 새 출발에―

한 몸이 되고서야 천년 향한
우람함이여 붉음이여

상림숲*
하늘은 도랑에서 뒹굴고
어머니 품 같은 숲속으로
가슴 들락날락 뜨거운 입김 불며
어깻죽지를 온전히 감싸 안겨
푸른 젖내 그립다

힘줄 드센 느티나무
고운 잎새 서나무 품어 안고
숲에 갇혀 연리목 되었다
핏줄 돋고 피가 돌아
얼키설키 손발을 엮고서
봄비처럼 포근히
껴안고 섰다
온전한 새 세상이다

숲 따라 살고 숲 따라 갈지라도
껴안고 사그라질 연리목의 노래
사랑은 숲을 감싸고
물결처럼 푸르다
붉다

* 함양의 숲

벼랑의 제왕 매

은빛 날개
파문 타고 솟구친다
동그라미 창공에 맴돌고
언 듯 언 듯 정지된 비행

레이더의 눈빛 따라
시속 사백km의 급강하
치명적인 갈고리 드롭킥
산비둘기 벼락 맞아 떨어진다

치명적이고 절제된 자연의 속성
버리고 살리는 유연함
산처럼 살아 있는 먹이사슬
시곗바늘 가듯 정확하고 간결하다

먹이만큼만 구하고
더 살찌우지 않는 절제
더 빨리 날고 더 높이 솟는
벼랑처럼 우뚝한 제왕의 자세다

동백에 눈꽃 피다

동백에
눈꽃이 피어
어느 볼이 꽃볼인가

한 번은 달빛으로
한 번은 별빛으로
님 마중을 다툰다
갈래갈래 입술은 부서지고

붉고 붉은 기다림
핏물 되어 번져나고
동박새 날갯짓 꿈결인 듯
목을 안고 누웠다

아픔은 재 되고
순결의 감로수 흐르고
숨을 바친 씨 동백 동실
눈송이 꽃송이가 한몸이다

겨우살이

늦가을 하늘,
그 하나로 전설의 원천
해인사 일주문 앞 고목 알몸
텅 빈 하늘의 가지에
앙증맞은 한 떨기 푸름 돋았다

하늘 보듯 쳐다보면
계절을 거슬러가는 녹색이
진주알 목걸이 두르고
들락날락 직박구리* 불러
넉넉하게 잔치 벌인다

숙주나무 딛고 선 미안함에
앙상한 가지에 풍성하다
비췻빛 출렁이는 하늘에
바람 소리 새소리 엮어
전설을 제작한다

서커스 곡예사였나
아슬아슬 높은 자리 올라서
여기저기를 줄타기하고
사람의 눈길 숨어
하얀 이불 속 눈알 붉다

＊ 직박구릿과에 속한 새

갈대꽃 삭고 파문 눈뜨고

사각사각
가위 소리 가볍다

묵은 날들이 떨어진다
뭉텅뭉텅 먹구름 같고
경주마의 갈기 같더니
실비처럼 흩날린다

꼭 요만큼 길이로
몇 날을 서성거렸을까
나를 붙들고 마음 졸이고
걸음걸음 쌍지팡이 들고서

한결 가볍다
한결 새롭다
누구에게나 가을은 가볍고
누구에게나 계절은 새롭고

푸른 잎 마르다 떠난 자리
붉은 꿈 옹기종기 모이듯
갈대꽃 삭는 겨울 언저리
뽀글뽀글 파문波紋이 눈뜬다

아이 아니에요

서너 살 아이
엄마 손잡고 엘리베이터 탔다
오! 예쁜 아이네
아이 아니에요!
그래, 그러면 혼자서 밥 먹을 수 있어?
먹을 수 있어요
그래, 그럼 혼자서 옷도 입을 수 있어?
입을 수 있어요
그래, 그럼 아이가 아니네
지금 어디 가는데?
어린이집에요
엄마 손잡고?
그럼 아이 맞네
혼자 갈 수도 있어요
그래, 그럼 아이 아니네
안녕히 가세요
꼬마 어린이 안녕!

2부

욕망은 무엇인가 외

아름다운 꿈

한두 살 아이
냉면 집 왔다
엄마가 담아 준 몇 가락 면 가닥
양손에 움켜쥐고 다투다
간신히 끄트머리 하나 물고
병아리처럼
엄마 보며 씽긋
나도 할 수 있어!
만세 부르는 것이다

저만큼 자유로운 만세
언제 불러본 적이 있나
침이 혼이 되어
꿈을 휘어잡고 춤춘 적 있나
저 작은 주먹 속에
세상의 목줄이 잡혀 있다

사는 것은 늘
작으면서 큰 것이다
아가의 노력이 힘의 원천이다

샛별

길은
굽어 가든 갈지자로 가든
동그라미 하나

밤길 낮 길이
빛깔만 다를 뿐
배턴 받아 이어가는 것

별과 달과 해 그림자
징검징검 징검다리
제 발바닥 맞추고 가는 길

질펀하게 노을 끌어
백장미 흑장미 피우고
기웃기웃 넘보며 열어놓은 길

따라 가든
제 발로 가든
눈 껌벅이는 마지막 등대

어느 청년의 인생 계획

하늘이 한층 더 푸르다
그 품에 또 하나 꿈 들어섰나
연분홍 봉오리 기웃대며 와
햇빛 같은 웃음 짓다가
볼 붉은 능금알 되려나
그러면 그만인 것을
꿈이 뭐라고

공장 바닥에 엎드려
다른 언어 공부하기
살 빼기, 사진 공부, 악기 공부,
경제 공부
그게 뭐라고
잔뜩 등에 쟁여 지고는
열아홉 살의 청춘과 바꾸다니

능금꽃은 피고 지고
더 붉은 알은 가지를 휘어잡고
너의 꿈은 다시 익고

미안한 나는 네 꿈에 살고
또 언제 다시 보는 날
사는 것이 길고 짧은 것이
무슨 의미가 다를까
생을 다하면서 사는 것일 뿐
그게 뭐라고

뒤집어 볼 수 없는 속

내 속,
종잡을 수 없는 속
갈색인지 푸름인지
소나무 속처럼 물결 이는지
갈대 속처럼 찬 듯 빈 듯
뱃속인지 머릿속인지
거처조차 오리무중이다
가끔은 끼룩끼룩 기러기 흉내
얼굴에 피어난 오랑캐꽃
가끔 나랑 따로 놀고
잠을 뺏는 괴물
갈지자걸음을 끌거나
눈 가리고 귀도 막는다

쪼끄마한 마른 멸치 한 마리
속 까보면 새까만 덩이 있다
저 속도 새까만 숯덩이라니
까뒤집어 볼 수 없는
멸치 속 덩이 내 속 덩이
개울에 휘저어 넣을 수는 없나
속이 속이 아닐 때가 있다

돌탑

계곡 길섶 바위 위
앙증맞은 돌탑
오르며 보고 내리며 보고
그 표정 알 듯 모를 듯

비에 전하고
바람이 전하는
산울림 같은 그의 말
들릴 듯 말 듯

낙엽엔 낙엽
눈엔 눈사람
어제도 오늘도 변함없는 모습
보고 또 보고 그 마음을 몰라

눈멀고 귀먹은 벙어리
언뜻 그 닮은 돌탑
가슴에 선다

사는 길

드라마에 중독되었다
사람 사는 길 보인다고
사람 사는 길 못 보는 내가
타인의 길목에 앉아
길거리 장기 두듯 훈수를 한다

길 아닌 길 보이고
길 같은 길 보이고
치열하게 함께 가는 길
손바닥 보듯 하여
박수도 치지만
돌아서면 빈 수레 같은

잡힐 듯 잡힐 듯
갈지자걸음이던 길
다시 가보려 해도

옛 길은 간 곳 없고
앞으로만 트인 길
걷고서야 아는 길
도전은 늘,
별처럼 아름답고
드라마를 웃돈다

친구 생각

가을비 또닥또닥 길을 가면
옛 친구 피안彼岸의 안개로 걸어가고
세상이 제 혼자서 뒷걸음질한다
어쩌면 저나 나나 꿈길이리

유붕자원방래有朋自遠方來…라
호쾌한 너털웃음 한판 벌일 듯
비눗방울처럼 솟는 옛 생각이
스스로 떴다가 가로등처럼 스치고
발아래 질척이는 리듬 따라
배꼽잡고 껄껄대는
허수아비 떼

자신을 이긴다?

태양이 눈부신 9월의 오후, 구만리 테니스장 둘레 길, 물병을 들고 숨을 몰아가는 길, 우우 말굽소리를 내며 중학생 선수들이 한 떼 스쳐간다 불을 훅 토해놓고, 맨 뒤를 따르던 한 아이, 바퀴마다 그 아이는 더 뒤처지고 다른 아이들은 이미 연습장에 들어갔는데 그 아이는 흐느적거리며 계속 돈다 매일 계속되는 이 일이 궁금하던 차 오늘 그 여성 코치랑 마주쳤다 젊고 깡마르고 예사롭지 않는 눈빛 '선생, 저 혼자 뛰는 아이 애처롭군요' '아, 저도 그렇습니다' '그래요?' 발걸음을 옮기는데 '어르신, 이유가 있습니다' '그렇겠지요' '자신을 이기지 못해서요' '그렇군요 선생을 믿습니다' 자신을 이긴다? 사람이 제 자신을 이기는 일, 그것이 자신의 꽃을 피우는 일이지 그러나 그게 뜬구름 잡는 일도 되고 나는 팔십을 넘기면서 산뜻하게 자신을 이긴 적 있었나 걷기를 마치고 내려가는데, 테니스장은 텅 비어 있고 그 아이만 제 가방 챙겨서 나온다 티 내지 않네 표정이 밝고 씩씩하군 자신을 이기는 것 그게 뭐라고

남강의 추억

내 눈을 관통하고
내 몸의 굽이굽이를 빠져
살아 있는 유유한 푸름 있어
천년의 빛깔과
천년의 투명이
내 안에 숨 쉬고 있다
눈을 감으나 뜨나
S자의 양안兩岸을 기웃거리며
바람인 양 속삭이고
대숲 마주 손짓하며
온 곳 말 없듯
가는 곳 말 없다
기약 없이 와서는
기약 없이 떠나간다
만남과 이별이 별처럼 흐른다

아, 강낭콩꽃보다도 더 푸른
그 물결 위에*
천만의 아우성과
천만의 발굽 소리

이 앙다문 채 의암은 붉다
불빛 쏘며 눈 뜨고 있다

붉은 듯 푸른 의기의 초상
진주성의 치맛자락
왜장의 목을 휘감은 화덕의 쇠사슬
불꽃 치솟는 용광로
칠백 리 강물이 들끓었으리!

촉석루 돌기둥 같아라
진주 사람들 자식 낳아 이르는 말
우리나라 최고의 누각
촉석루, 성을 덮치고
날개 펼친 한 마리 붉은 학
역사의 지층이 된 기와지붕과
죽어서 천년을 사는 전나무 대들보
쇠기둥 된 느티나무 기둥들
역사는 대청마루에 잠들었다
전쟁의 북소리 천둥 같고
향시에 임하던 푸른 눈빛
살아서 굼틀거린다

풋사랑이 익어 사랑 되는 길
둘은 없고 하나만 있는 길
강변 길
대숲 살랑살랑
강물 반짝반짝
눈빛 붉어
솜이불 된 백사장이여

꽹과리 소리 드높고 춤과 노래와
재주가 얼키설키 쏟아지고
발돋움 하고 국가원수 보던
예술제의 원조, 개천예술제
굴밤 맞고 뒷구멍으로 보던 서커스
즐비한 깨엿장수 야바위판
유등축제는 불의 세상을 불러
밤하늘의 은하가 되었다

모래바닥의 모래무지
물살을 타는 은어 떼
언뜻 백사장의 검은 보석
전국을 뒤집기 한 진주 씨름판

용은 승천하였는지
번갯불은 천둥만 때리고
강물은 우는 듯 웃는 듯
백년 이르는 상념想念 속을
푸르게 푸르게 살아 있는
물빛이여!

* 변영로 시 논개 중

굽음의 묘

대장장이 해머
초침 가듯 굽음을 편다
한사코 때려서 편다
무엇으로 굽음을 넘으려나

굽이굽이
바람을 이기는 나팔꽃
굽이만큼
치명성을 더하는 시위와
굽이만큼 솟구치는
장대높이뛰기
끝없이 비축된 굽음의 힘

허리 굽은 노송과
구불구불 실개울의 노래
여인의 반달눈썹
난의 잎새
고래등 기와집
화가들이 목을 맨 굽이

굽은 노인의 지혜와
로댕의 생각하는 사람
역사는 메아리처럼 굽어 돌고
사람은 굽이굽이 산다
먼 길 마다 않고 돌아서 간다

억지 생각

아무런 생각 없이
그냥 컴퓨터를 켜고 앉아
키보드 눌러 말 하나 만들고

뜨는 생각이 없어 하얗게
지금 내가 뭐하는 거지
그때 머리에 밤톨 하나 툭

그래, 그거야
생각이 없을 때에는
아무 생각도 안하는 거야

아무 생각도 안하기
아무 생각도 안할 생각이
구름처럼 머릿속에 뜨는 거야

그래, 그거야
뜬구름, 마음은 뜬구름이야
비눗방울 같고 솜사탕 같은

저들끼리 손 내밀고
저들끼리 등 떠밀고
등 대고서 물방울도 되는

생각이란
참, 구름 같고
물방울 같은 것

사지가 타오르는 것 같았다

늘 최선을 다하라는 말
아스팔트 바닥 같은 말
딱딱하고 눅진눅진하고
있어도 그만 없어도 그만인
입도 쪽박처럼 닳는 것이면
반쪽박 되었을 것이다

파리올림픽이
한여름 밤의 팥빙수가 되었다
모닥모닥 낚아 올린 메달들
에펠탑보다 더 찬란하게
일출처럼 치솟는 태극기
메달을 웃도는
도전에 땀이 한주먹

'터치패드를 돌 때,
사지가 불타는 것 같았어요'
어느 수영 선수*의 말
메달은 재속에서 피는 꽃

봉우리에 솟은 푸른 샛별
왕별에 가려진 무수한 별조각
최선이 다듬은 보석의 빛깔
땀방울

* '24 파리올림픽 수영 남자 자유형 400M 동메달 김우민

기막힌 피서

도자기 태어나듯
사람도 화덕에서 빛깔을 얻는가
혹시나 하여 **빼꼼** 창을 펼치다가
후-욱 덮쳐드는 열기에 화들짝
태양이 몇 계단을 내려선 것인가

찐 더위 견디기
늙은 선풍기 보초 세우고
황동규 천양희 박태일…
시집들 듬뿍 쌓아놓고
멧돼지 펫장 넘기듯
씨암탉 텃밭 허비듯
밥값 하는 거지

시인의 생각은, 참
밤하늘의 별똥별 같고
강물에 흐르는 물고기 같고
거미줄에 매달린 물방울 같아서

'죽은 나무가 산 잎을 내밀고'*
'바다는
누구도 받아쓸 수 없는 대하소설'**
'아픈 어금니 혀로 달래듯, 나는
그대 밀어낸다'***
씹어도 씹어도 고갱이로 남는 말
붓끝에서 뿌려지는 동양화 보듯
눈에 삼삼 가슴에 몽글거린다

* 황동규, 봄비를 맞다 중
** 천양희, 불멸의 명작 중
*** 박태일, 이별 중

노을에서

송아리 송아리
배롱나무꽃
한여름을 짓고 잦고
눈물이더니
아픔만 뭉텅뭉텅
남기고 간 자리
동백이 뽀글뽀글
꿈 끓이고

뭉게구름
치렁치렁 치맛자락
새털 흰털 되어
올올이 뜬 하늘
너울이 가두었던
푸름 조각들
숫처녀 볼처럼
능금처럼 익었다

쪼작쪼작 앞만 보는
초침을 따라
한 번 피고
한 번 지는 일상日常
나는 발돋움하고
서녘 하늘
노을이 되었다

생각의 실눈 뜨일 때

바짝 마른 북어
두드려 패면 꽃 피운다

가문 논바닥 같은
생각 논바닥
거북등 같은 그 바닥

거기에 실눈이 있어
문예단체*문학기행
최치원의 삶,
권정생의 어린이가 꿈꾸는 세상
이육사의 독립정신과 뼈 같은 문학
웅덩이가 받아드린 돌의 파문인가
생각은 곰실곰실 살고

노老 문학인의 된장국 시론
동료 참석자들의 곰삭은 푸념
저마다 토해놓은 삶의 건더기
살금살금 긁어 실눈이 뜨였다
실마리 하나 바늘귀 찾는다

* 월간신문예 아태·인사동시인회

무엇이 될까

샘은 살아서
쉬지 않고 제 속에
파문의 싹을 틔우고

바람은 살아서
숲을 맴돌다가
솔바람 한줄기 만든다

생각은 살아서
안팎으로 맴돌다
돌 하나 툭 던져 놓고

세월은 살아서
주름골에 서성이다
이마에 천둥 한 번 때린다

마음의 빛깔을 찾아

마음이 붉다
보호색을 갖게 된 것 같다
계절의 빛깔 속에 빠진 것이다
무지개 같던 마음의 색은 어디 갔나

마음도 동작도 단순해졌어
뇌 속에 조정키가 있어
되는 생각 되는 동작을
틀어쥐고 있어

조정키를 벗어나면
벼락이 떨어지지
어느새 떨어지는 감독의 경고장
살얼음 밟듯 오그라드는 발걸음

세상이 이렇게 좁은 것이라면
애태워 줄달음칠 일이 뭐가 있나
어둠에서 푸름이 솟듯
내 마음의 텃밭에
색깔을 입혀야지

팝콘

세월을 돌려놓네
입속에서 쿵짜작쿵짝
구수하게 트롯 박자를 춘다

살다가 무거운 날 있다
늙은 LP판처럼 굼뜨고
생각은 뒷걸음쳐 가고

바람 빠진 고무공
통통통 꿈은 있어
죽은 듯 되살아나는데

제 맛 잃고
아스팔트에 까만 얼룩
껌의 껌딱지

호박은 늙어 맛쟁이
사람은 늙어 멋쟁이
팝콘에서 길을 본다

바람의 끝

바람風이나
바람望이나
바람이고
너는 밖에서 서성이고
나는 안에서 서성이니
서로 얼굴 맞댈 일 없을 뿐

너는 세상을 구르고
나는 생각을 구르고
뭔가를 구른다는 것
그래서 너와 나 운명 같은 것
밤하늘에 별 같고 달 같은 것

넌 너의 회오리를
난 나의 회오리를
늘 감추고 살지만
끝내 회오리는 몰아치고
때로는 희열이 되어 넘치고
때로는 쓰라린 아픔이 되고

희열이 스러지고
상처도 스러지면
무엇이 남을까 걱정하는 일은
아마도 아마도 기우가 될 것이다
바람은 어디서 잉태되고 있을 터
너나 나나
바람의 끝은 어디인가

동전이 씹힌다

동글동글 애호박
당근 양파 깨소금의 조화
맛쟁이 새우젓국의 요술
먹기 좋아 날름날름
상큼 고소 뒷맛의 여운
맛의 중독
반달 맵시

투명 옷 입고 몸매 뽐내는
마트의 멋쟁이 애호박
기계가 뽑아 놓은 애호박들
팽팽한 얼굴에다 바코드 팩이라
이천오백 원이 떠올라
조각조각이 둔갑하여
씹히는 백 원 동전
농부는 부자겠지
부자일까
젓가락 끝이 전다

오동도 등대

백발이 성성하다
허리 굽혀 지팡이 짚고
홀로 뜬눈 백년 길

눈 없는 물동물들
까만 수평선에 머리 내밀고
큰 숨 뿜으며 길 찾아가고

헝클어진 풍랑이
때도 없이 눈빛 부수는데
가슴에도 등대 하나

불나방 되어 떠돈 연인들
가눌 길 없는 붉은 볼
동백은 시샘하여 불을 토한다

겨울 막고 서서

고집 센 단풍 한 그루
단청 고운 집을 지었다

무서리 빛깔 태우는
벽난로 붉게 지피고

알록달록 둥근 눈알
손바닥 펴고 불 쬔다

햇살이 느린 걸음으로 와
한참을 입김 불다 떠나고

노을이 솜이불 토닥여
단청의 가탈 잠을 재운다

사람인들 등성이 그냥 넘나
모서리 닳도록 세월 만진다

망향

산 꼿꼿 물 반짝
개나리 창꽃* 피고 지고
산산이 밤송이 가지가지 붉은 감

삐비** 송진껌으로 배 채우고
알몸을 태우던 개울의 너럭바위

구름은 흐르고 또 흘러가건만
마음은 길 잃고 여기 맴도네

가솔들 손길 바쁜 들녘을 굽어
장죽 들고 선 하얀 허수아비

다시 증조할아버지의 마을에
도란도란 애기꽃 핀다

* 진달래의 방언
** 삘기의 방언

욕망은 무엇인가
-'24 대입수능 일에

기왓골에 비췻빛 하늘물 내리고
낭낭한 목탁소리 풍경을 울린다
마음을 나무처럼 돌처럼 닦아라*

비릿한 마음의 기름때
연緣의 핏줄과
애욕愛慾의 먹구름
햇살 걸음이듯
가벼우리 반짝이리
호흡마저 잦아드는
금강계단金剛戒壇 불사리탑佛舍利塔**

도량道場의 목탁이 새벽을 돌고
구름 가듯 스님들 예불禮佛가고

이승과 저승의 경계를 돌며
법당 마루 치고 가슴도 치고
하늘 가리고 까치발로 다니는
이슬처럼 눈뜬 모정의 원죄

'탈없이 다리 하나 건너듯
수능修能 다리 건너다오'
하늘은 텅 비어 눈이 시리다

* 永明延壽스님 말씀
** 통도사의 상징 국보 제290호

3부

마음의 동거 외

옛 생각

바람소리
물소리
새소리
풍경風磬으로 걸어놓고

외등처럼 떠 있는
홍시 하나
까치 짝
다정히 식사 중이다

체온 같은 햇살
억새 여울에 뒹굴고
어머니 주름개울
그리움 흐른다

귓전을 맴도는
깔깔거림
자박자박 자갈길에
친구 생각 자박인다

매화의 봄

봄의 경주
소문난 입춘은 매번 뒷전
내 마음의 봄은 벌써 은메달
매화가지의 옥구슬이 금메달

휘파람 걸고 지샌 밤
아린 가지에 땀방울 솟고
세월 삭인 마디에 힘줄 굼틀
더운 입김 봉오리 짓는다

세상의 귀는 꽃잎보다 얇아
매화 터지는 소리 천리 이르고
눈초리 치올려 분 바르면
천지가 봄의 장날

봄이 오는 길

산은 부스스 일어서고
들은 누워 기지개 켠다
분단장하고 나들이 가려나
서두르는 마음 햇살 같다

풍선처럼 가슴이 부풀고
동글동글 마음이 떠오른다
봄바람은 내 속에서 부나
발걸음 날개 달았다

마음의 들녘
아지랑이 언덕을 오르고
봄의 풋말 들고 선 수선화
개나리 오는 길목에 섰다

세상이 꿈꾼다
샛노랗고 푸르고 붉은 꿈
내 마음도 그 빛깔을 따라
무지개 꿈 일어선다

청춘

아흔 동갑 친구
막걸리 생각나 길에 나섰다
타닥 터덕 지팡이의 듀엣이 멈추고
꽃잎 나부끼듯 여성 스쳐간다

꽃이군
암, 꽃이야
꽃이지

자네, 지팡이 어디 갔어?
그런 자네는 엉덩이로 지팡이 짚나

새벽의 되새김

생각이 다니는 길목에
우두커니 마중하고 앉았다
여울져오는 그리움 하나
살포시 마음 에워싸고
부엉이 눈알처럼 동그라미 그린다

그루터기에 드러난 나이테
조밀조밀 헐렁헐렁한 발걸음
LP판 가락처럼 드나들고
새소리 물소리 천둥소리
사계를 돌린 시계바늘이다

앞만 보고 가는 세월과
밖으로만 나도는 나이테
옹달샘 여울지던 기억 더듬어
더 넓은 샘에서 만나는 것

생각과 물 가닥은 같은 듯 달라
앞도 보고 뒤도 보고 멈춰도 보고
늙은 소 되새김하듯
어물어물 여명黎明에 섰다

두 번 아프다

사람이 한곳에 붙박이로 살면
나무가 비웃을 것 같다
흉내 내지 말고 살라고
나무도 사람 따라 다니지 않나

이삿짐에 촐랑촐랑 동백 한 그루
밑동에 상수리 알 하나 숨겼었나 봐
봄에 싹 하나 쑤-욱 솟았다
동백을 돌본다고 싹둑 해마다 싹둑
친구 생각에 여위어만 가던 동백

어, 상수리 싹!
떠난 친구의 밑동에 기대어
몇 년을 학대받고도 반짝이는 표정
'미안한 상수리나무'
오며 가며 눈치 살피는데
어느 날 갑자기 그가 사라졌다
제자리가 아니라고 뽑아버렸단다

아-, 두 번의 실수
고향으로 보낼 걸

밤바다

흑장미 꽃잎이다
햇빛 달빛 휘저어
별빛으로 덧칠한
마음속 꽃밭

심장의 속삭임
찰랑찰랑 정답다
벽처럼 맞선 마음
눈빛도 꽃이 되는 밤
풀잎에 영그는 이슬같이
스며든 그리움조차
송이송이 별꽃이다

때로는 침묵으로 말하고
때로는 다독다독 어깨춤
끝없이 가슴 열어
오만 정 풀어놓는
어머니 품속이다
어머니 마음이다

어머니와 아들

으-으으~ 으-으으~
내는 몇 살이고
구십 다섯 살 아이가
니는 몇 살이고
환갑아이가
엄마, 국물 더 줘?
으-으으응, 몬 먹어
내는 몇 살이고
구십 다섯 살 아이가
니는 몇 살이고
환갑 아이가
엄마, 국물 더 줘?
으-으으응 몬 먹어
으-으으~ 으-으으~

백내장 수술 뒤

거짓말 같다
거짓말도 보일까

묵은 창을 갈고
TV가 바뀌었다
거리의 간판 눈 부릅뜨고
푸푸푸 초록물 내뿜는 이파리
창 열린 하늘 따라
태양은 촉燭을 높이고

거울 속의 나나
마주한 아내나
실개울 굽이굽이 흐르고
눈가에 걸린 낙조落照
뒤뚱거리는 모습
불쑥 세월이 밟고 간 자국들

나와 밖이
음과 양으로 오작동 하고
터덕터덕 어깨가 기울고
들락날락 생각이 전다

어긋난
퍼즐이 다시 맞추어진다

어쩌면 좋니

햇살이 탐스럽더니
둘레길 굴참나무 굴밤 내렸다
가을이 길가에서 뒹구네
웬일이야!
다람쥐 친구들 술래잡기하더니
다녀간 흔적이 안 보이네
굴밤 몇 알 주워 드니
주먹이 꽉 찬다

오, 야옹이냐
돌처럼 웅크리고 자는 듯
그러나 실눈이 반짝이는군
그래 너였구나
다람쥐를 겁줘 못 오게 막은 게
이 일을 어쩌나
너를 밀어낼 수도 없고
난들 네보다 쬐끔* 더 큰
야옹이일 뿐인데
가을이 오솔길을 앞서 가네

* 쬐끔 : '조금'의 비표준어

흑싸리 쭉정이의 반격

한나절이 둥글게 돈다
반 시계 방향으로 릴레이 하듯

기회는 공평하나
과정도 결과도 공평하지는 않다
인생사 굴곡이 필연이듯
필연은 손바닥 안에도 존재한다

운칠기삼이라 하지만
통용 되는 확률의 불통이 묘하다
세상 보듯 흐름을 보거나
팥죽 끓듯 울뚝불뚝하거나
과유불급의 계단을 오르거나
오십보백보이고
의기양양 '고우-'가
쭉정이에 매맞는다

세상에 운 있듯
손바닥에도 운 있다
다만 바람 같이 왔다 갈 뿐이다

엽서 한 장

노란 엽서 한 장
얄랑얄랑 벚나무에서 내려온다
뭐야, 아직 여름옷도 갈지 않고서
여름의 꼬리가 밟히고 있는데, 무슨
성급한 사연 있었나, 궁금하군
주워서 읽어 보네

'귀뚜라미 전령을 보냈는데 왜
묵묵부답이냐'고
허, 기별이야 받았지, 다만
내 심사가 그렇게 기울지는 않더군
감각이라는 게 세월 따라 갔나봐

언젠가 휘영청 둥근 달 아래
발끝에 뭔가 사부작거리는 거야
은행잎이었어, 떼로 몰려 있는
마치 달이 부서져 내린 듯
쳐다보니 나무에 걸린 달조각들
길을 밝히고 있었어

마음은 없고
달빛만 찰랑이고
그렇게 하늘길을 걸었어
그 때 오감들이 떠났나봐
무엇을 탓하겠어
팽이처럼 되살아나는 것도 있으니…

세월 잘라 먹기

톡 톡 톡
아내가 무를 자르고 있는데
나는 누워서
세월을 잘라 내고 있다
무 자르기는 멈춰도
끝없이 잘리는 세월

처음을 모르고
지금을 모르고
마지막 또한 모르고
숨 한 번에 세월 한 번이라니
숨 멎은 만큼 세월도 멎는가

지금이 아쉬운들
세월 토막 내어 살 수 있는가
다시 태어나는 세월도 그 세월

방바닥을 기며 세월 자르는 아이
뉘라서 그 끝을 정할 수 있나
하늘의 손안에 있는 길
오직 자기만의 세월

도마뱀 잘린 제 꼬리에 미련 없듯
새 꼬리 만들며 죽자고 사는 세월

실눈 뜨고서

아기 걸음
노인 걸음
나비처럼 걷고
거북처럼 걷고

같은 듯 다른 걸음
뉘라서 탓하랴
온 힘 다하기 다르지 않고
갈 곳 가는 길 다르지 않고

꿈은 달라서
푸른 꿈 너른 꿈
회색 꿈 좁은 꿈
꿈은 꿈

앙상한 가지
푸름 영글듯
화롯불 다독다독
불씨 하나의 꿈
산자락 의지한 실안개처럼
바늘 눈 뜨고서 숨 고른다

비로소 아는 것

새털 같은 세월
새털이라 여겼나
나의 새털은 시나브로 빠져
이제는 민둥산
남은 것 눈물겹다

공기 같은 세월
공기처럼 있는 줄 알았나
가쁜 숨 들썩여도
지는 노을 들어오지 않고
뜨는 노을 밀어낼 수가 없다

개울 같은 세월
살 맞대고 춤추던 그 품
어제인 듯 어제 아닌 개울
털모자 바꿔 쓴 버들강아지
그 걸 모르고 나만 출랑거렸나

강물 거슬러가는 은어 떼처럼
세월 거슬러 가지 못하는 것
세월이 날갯짓 할 때 비로소 아는 것

가족은 하나같은 여럿

가족은
무지개 꿈을 제작하는 사람

싸리꽃 송아리 같은 것
서로 다른 빛깔로 마주보고
눈빛으로 이야기 담고
옹기종기 등 대고 사는

꽃잎에 앉은 물방울같이
흩어졌다 또르르 다가서고
별처럼 제 빛깔로 반짝이고
개울처럼 어깨 겯고 가는

하늘 하나 이고
하나의 귀만 있는 숲 같은 것
하나를 부르면 모두가 답하고
하나가 춤추면 함께 춤추는

그리고 가족은
아름다운 누각을 받히는 기둥
어느 쪽을 보아도 하나같고
어느 쪽을 보아도 여럿이고
누각을 산처럼 받들고 서 있는

마음만 떠돈다

세월 간다고 야단이고
봄이 온다고 야단이다
가고 오는 것이 한 바퀴인걸
한 모서리에만 서서
동동 동 발을 구른다

지난 세월은 꿈인 듯하고
오는 세월은 꿈일 듯하고
아쉬움 다르고 설렘 다를 뿐
징검다리 건너듯
하나 가고 하나 오는 것

서 있는 곳 따지기 실없다
물이 흐른다고 산이 탓하랴
스스로 알록달록 옷 하나 갈 뿐
천년 새긴 품에 세상은 그대로다

사는 것이 다르다

창에 기댄
허리 굽은 산비탈 한 폭
아무런 말도 없이
아무런 표정도 없이
뱃속 뽀글뽀글 실눈 뜨고
붉은 내장 숨기고 있다

거기 땅을 메고 일어서는
상수리 싹도 있고
몸짓으로 하늘의 창 여는
산호초 가지들이 있고
푸른 공장들 해를 삭인다

오목눈이의 단간방에
산바람이 무시로 들락날락
까투리 새끼는 어미 닮아 가고
어미 닮기를 싫어하는 사람
순리를 어지럽히고
제 그물에 허우적거린다

얼음 폭포

벼랑바위의 헛손질
미꾸리처럼 빠져서
콰르콰르 비웃고 간다
꼬리 젓고 사라지는 물뱀
생채기만 하염없이 아프다

어금니 가는 그리움
소나무 옹이에 고드름 박히고
산 위 부엉바위 어깨 들썩이면
불꽃 튀는 석공의 망치 소리
물의 정체 유리처럼 드러난다

종소리 흐르는 교회의 첨탑
보일락 말락 부처님의 미소
코끼리 코인지 매의 발톱인지
바람 같고 안개 같은 물의 모습
금강산 만물상을 차렸다

천년 연정이 영그는 찰나인가
세월의 생채기가 아물었다
벼랑의 가슴에 새살이 돋고
물길이라 마음 없는 것 아니라고
한 몸으로 껴안고 누웠다

마음의 동거

콜 코르르 코르르
아내의 기침 소리가 냇물 같다
벽을 치고 내 귓바퀴를 후린다
두부 장수 종소리마냥 뇌 속을 파고
빈 뱃속 물 끓이듯 가눌 수가 없다

침상과 바닥이 구천리라도
귀청은 비단자락 같아서
산초가시 손톱 밑 후비듯
설운 꿈에 가위눌린 듯
홀로 넉넉하지 못한 단잠자리

치솟는 붉은 내음
두 마음 붙들고 외길 치닫던
아홉 등 아홉 골에 이는 바람처럼
산 그림자 밟고 가는 하루해처럼
반백 년 넘어 눈싸움한 정나미이라

진료대기실에서

가래 콧물 기침은
없으시고요?
테이프가 돈다

부엉이 눈알
선잠 깬 토끼 귀
간호사 깃발 따라
흔들리는 표정들

아픔은 무엇인가
굽이굽이 가는 길
기우뚱 기우뚱 외나무다리
생로병사가 길이라면
길은 왜 헤매는가

양지와 음지는 짝이고
잠깐 흐렸던 하늘 더 푸르듯
금방 사라질 아침 안개이기를

4부

수컷 은행잎의 하소연 외

해를 보내면서

청구인 없는
인생증명서 하나
또 머리맡에 떨어진다

꿈결에 받아든
빛바랜 종이바닥
괴발개발 뜻 모를 사연들

발자국은 어지러워
대오를 들락거리고
성하지도 않아서 안쓰럽다

걸어도 보고 뛰어도 보고
턱 괴고 앉아 되돌아도 보고
지나고서야 깨닫는 아쉬운 길

꾀부린 당나귀
제 등짐 다시 추스르고
허리 곧추세워 새날 맞는다

내 차의 쓴말

길 나서면 떠오른다
눈 흘겨대며 끌려가던 모습

아픔 없는 이별도 있나
손 놓으면 무정한 게 나지만
든 정에 헤매는 너는 어쩌나

백일 난 손자들
제 부모 사이 갈라 가며
천리마로 동행한
그 저린 추억

제 속만 급해서
남의 심장 타는 줄 모르고
고철 더미에 눈알 숨긴 모습
망보다 돌아서긴

한 번이 두 번 되면 바보
살얼음판 걷듯 길 가는 거라고

친구는 친구로다

까톡 까톡 목메어 부르네
담장 넘어 기웃대던 옛 친구들

팔순 고교동창 소집영장
실눈이 부엉이 눈알 돌듯
가슴에 힘줄 꿈틀 돋는데

갈 길이 이백여 리
장마인들 대수인가
참새 방앗간 붙듯 바글댈 텐데

딴 세상에도 친구는 있을까
옛 친구일까 새 친구일까
모래더미 같은 헛것들 두고
새 더미 또 쌓을까

눈빛들은 시들시들
볼륨은 풀려서 왕왕거리고
멀뚱멀뚱 듣는 듯 마는 듯

실없는 말 한마디에도
하나같이 허허 허허
허, 친구는 친구로다

햇살에 익는다

햇살 줄기가 빗살처럼
유리창에 내리꽂히고
세월의 뿌리가 얼키설키
낙타 등 같은 등짝 위를
뼈다귀 채 움켜쥐고 있다
숨조차 옭아매려는 듯

실눈 속에도 세상은 뜨고
세상 돌아가는 꼴 보이고
아이의 걸음이듯
귀신의 몸짓이듯
살고 죽은 자의 경계에서
마음이 기우뚱거린다

바늘 같은 햇살이
심술처럼 들쑤시고
굼뜬 발길 따라 초록이 타면
나도 햇살만큼 익어
붉은 능금 알 되면 좋으리

다툼의 파수꾼

억겁의 지구에
찰나의 생명들
피고 지고 멸하고 생하고
공존하고 훼손하는 불화

다섯 차례 생물 대멸종
기후변화와 이산화탄소의 재앙
화산폭발과 매연의 앙갚음
자연과 자연의 다툼

천둥 같은 예고
'인간의 행동이 생물의 절멸 부를 것'
인간과 자연의 다툼

제 몸 돌보고, 마음 다듬듯
인간이 최선의 자연으로 사는 것
다양성 보호가 다툼의 파수꾼
자연이 손 내미는 진정한 동반자

폭우

P.T*의
호각號角 소리에
포탄이 떨어지고
미사일이 날고
산 옆구리가 터지고
핏물이 솟구친다

마귀의 쇠갈고리로
들판을 난도질하고
보금자리를 약탈하고
숨을 막고 짓밟는
불한당不汗黨

산천은 울부짖고
사람은 눈물짓고

천벌이 약이다
하늘의 불화살에 혼비백산
철조망 넘는 눈 뻘건 죄수

'너희들이 또 머리 조아리고
부르리라, 나를'
힐끔힐끔 갑질하는 너

* Putin

늙은 선풍기

바람 무게도 버거워
관절염이 도졌나
절뚝절뚝 앓는구나
그래도 나만 쳐다보니
측은지심으로 마주본다

이심전심 정은 통해
숨 가쁘게 날개 퍼덕이고
살살 살 등골을 간질이면
감나무 그늘에 하늘 베고 누워
침 발라가며 삼 껍질 잇던
까만 손톱의 어머니 떠오르고

손자들 어르며 키울 때
날개 반짝이며 숨소리 죽이더니
이것저것 다 놓치고서
중얼중얼 혼잣말이 늘었다
친환경 친환경 시위라도 하는가

땀도 열 받는다
정신 줄 놓친 사람들 어깨춤에
지진처럼 간 졸이고
쌍날개로 날아온 여름은
때도 없이 폭염주의보를 뿌린다

친구야, 너마저 없다면
땀방울은 내 등골에 개울을 내리

돈나무

야아, 돈이다!
돈 보소!
번쩍번쩍 하는군
내 마음을 훔쳐보기라도 하나
황금빛 둥그네
저 덩치 좀 봐
억 소리가 들리군

그래,
돈이 꿈이 되기도 하지
주머니가 절을 부르고
요술 손바닥에 세상이 돌지

돈이 사람을 부리거나
사람이 돈을 부리거나
사람의 얼굴이 된 돈

어라, 가슴을 채우던 싱그러움이
어쩌다 돈으로 둔갑하였는가
동글동글 예쁜 잎
뉘라서 돈나무라 불렀나
돈이 춤춘다

사람이 자연이다

'나는 자연인'이라니
사람이 자연이다
사람에게도
봄여름 가을 겨울 있고
새싹 돋고 꽃 피고 열매 달았다가
거미처럼 기고
눈 날리는 날 있다

나무나 사람이나
사랑할 때 씩씩하고 두려울 때 떨고
숲 바닥에 누우면 하늘 아래 동무
흙냄새 몸 냄새가 하나다

갯바위도 얼굴 씻고
거울 앞에 단장하고
머리 다듬어 님 마중하는 붉은 볼
사랑에 웃고 우는 사람의 얼굴이다

허물어져 가는 제 터전에서
허우적거리는 북극곰
비닐을 해파리라 착각한
바다거북의 죽음
사람이 외면할 수 없는 이유
사람이 자연이다

선거 뒤풀이

절로 절값 번다
공손의 표상이
길바닥에 뒹군다

삼신 앞에
혼을 바친 애절함과
자식 남편 부모의
일취월장 무병장수 빌어
손이 발 되고도
사랑은 대물림 되었거늘
어찌하여 절에
절값으로
배 배로 절하게 되나

절이 고등어 떼 같이
쏠려왔다가 쏠려간 뒤
선량選良이
선량善良 되지 않고
푸성귀 같은 민초들
절값에 밟힌다

늘 위임 받은 권력이라며
꼴불견 어깨춤 보여준다
막말로 가슴을 할퀸다
죄짓지 마라!

통합의 노래

무수한 조각들,
불티 되고 불꽃 되고
형체도 없이 허물어져
뭇매 맞고 정신 들고서야
꿈틀꿈틀 한 몸으로 일어선다
수만 수십만 톤의 대왕고래
이름표 달고 깃발 펄럭이며
희망을 싣고 물길 누빈다

서슬 푸른 눈초리
가죽을 뚫고 나온 입술
폭포수 같은 막말들
골골이 따로 찢는 부추김
언제 한 번 불티 되고 불꽃 되어
형체도 없이 허물어져 봤나
동서로 이념으로 남녀로
맨송맨송 눈 껌뻑이는 조각성
헛것으로 섰다가 사라지는
모래성일 뿐이다

불티 되고 불꽃 되어
허물어져라
팽이처럼 매 맞고 서라
하나가 되라

노벨인류꿈상

인명人命은 천명天命이라고
부정하는 사람을 부정한다

'24 노벨평화상에 주목했다
원폭 생존자(피단협*)가 수상
손바닥이 따갑게 박수쳤다
이들의 목숨 값으로
지난 80년간 핵 금기 형성

하늘이 내린 인류생존의 조건
인간이 스스로 훼손하는 불놀이
생명이 화산재 되어 하늘을 덮고
찢긴 생살을 움켜쥐고
도살장의 동물처럼 살을 떠는
사람들

그림으로도 못 볼 참상
핵을 들먹이고 인류를 겁박하고
독재자의 야욕은 불길 같고
종이호랑이가 된 유엔

핵을 산소 처분하는 핵
무기를 무력화하는 무기
독재자를 제거하는 독
인류의 꿈을 이룬 인류의 꿈상
노벨인류꿈상이 있어야겠다

* 원자·수소폭단피해자단체연합회

불곰 한 마리

위압적이군
솔가지 뼈다귀 맨살들 속
거대한 불곰 한 마리
갈비뼈 들썩이는 함성
백마의 갈기로 나부끼는 인민들

앙상한 구름떼 끌고서
가는 곳 어디인가
스스로 흥에 겨워
대동강물이 통할
고래 같은 아가리
지진처럼 인민들 혼비백산하고
끝내 껴안고 재 될 핵깡통에 앉아
웃어라 이빨 드러낸 불곰
외쳐라
불바닥의 재 되기를

천륜이 방탄 벤츠의 바퀴가 되어
백두에서 한라까지
달 따라 가는 양 굴러 보거라
사이비 불곰이여!

허, 작취미성昨醉未醒인가
기름멀미가 난다

영화의 배턴 터치

끝날과 첫날은
어떻게 손잡는가

그 뜨거운 영화榮華를
황금 쟁반에 고이 담아

칠흑 같은 바닥에서
황금물고기 치솟 듯
얼굴 붉히며 손잡는가
영화를 배턴 터치하는가

용솟음치는 불꽃
갓난아기의 심장처럼
천지를 진동하는 우람함으로
첫날의 불화살을 쏴올리는가

귀띔한 말은 무엇인가
공정인가 평화인가
후진 곳 없이
전쟁의 고통 없이
세상을 보라 하였는가

늙은 날이여
젊은 날이여

수컷 은행잎의 하소연

목매단 은행잎 하나
울음 머금고
한 올 바람에 곤두박질치는 하늘가

살면서 이런 일 보다니
한 몸에라도 제 짝 있는데
짝 없는 생명이 어디 있나

사는 것이 그런데
사람들이 제 숨쉬기 불편하다고
암컷들 내쫓고 수컷들만 모은다네

이게 무슨 세상이야
자연이 사람의 손에 쥐었나
사람이 자연의 손에 쥐었나

박수 받던 친구들 다 떠나고
짝 놓칠 서러움 뼈끝에 남겼다가
퍼렇게 멍든 눈알로 다시 오리니

고드름

하늘과 땅은
억겁의 연인

서슬 푸른 은장도에
창자 내어 걸어놓고
천년 사랑 붉게 새겼다

천둥의 심장 소리
겹겹으로 삭인 두께
사랑도 설움인 듯
제 살 녹이는 눈물방울

똑똑 똑
가슴 두드려
동글동글 속내 피워내고
눈빛 마주 하얀 미소
천생연분의 몸짓이다

대한의 봄

응달 잔설 밟고 가는
여인의 풀죽은 뒤태
꼬집힌 자리가 얼얼한데
칼날 손톱 숨기고서 등성이 넘나

모롱이 돌아오던 아지랑이
철없는 개나리의 종종걸음
할미꽃 허리 괸 꽃 지팡이
맨송맨송 빈자리 문득 그립다

추억의 언덕에 푸름이 돋고
귓전을 맴도는 실개천의 옹알이
대한大寒을 걷어낸 햇살 따라
봄 자락 질펀한 마음의 들녘

봄의 소리
봄의 빛깔
자화상 파문으로 피어나고
도다리 쑥국에 봄이 한 숟갈

누이 생각

기온이 곤두박질
첫겨울 엄살이 고드름 같고
가로수 여윈 손마디에
빛살 여리다

등굣길 누나
동생 마주 세워
방한복 지퍼, 모자 매만진다
엄마 같이 동생 보고
엄마 보듯 누나 보고
무쇠밥솥 밥김처럼
거리가 익는다

외눈박이 누나
동생에게로 기울던 것들
늘 못 본 척 모르는 척
한 눈만 뜨고 살다
집 떠날 때 눈물짓던
붉은 눈
움켜진 치맛자락
그 세월을 말아 쥔
억새꽃

안녕, 친구들 안녕!
- 손자의 중학교 졸업

하루가 다르게
몸 자라고 마음 자라
웃자라지도 유약하지도 마라

바위처럼
단단하게
3학년 8반

돌부처처럼 야무지다
꿈 앙다물고
고무공처럼 부풀었다

꽃다발 속에 핀
더 붉고 더 진한
꽃송이

별처럼
반짝이는 푸른 꿈들
어깨동무한 철석같은 친구들

더 멀리 더 높이
다시 만날 약속 새겨
발걸음 가볍다

우리들의 뜨거운 가슴
안녕 안녕
친구여, 안녕!

평설

공감각적 심상의 표현과
물활론적 세계관

– 이창식 시집 『갈대꽃 삭고 파문 눈뜨고』

지은경 (시인 · 문학평론가 · 문학박사)

1.

　인간이 생각하는 존재라는 개념에서 문학을 보면 글쓴이는 글을 통해 나의 생각을 들여다보게 한다. 그래서 '글은 그 사람'이라는 말은 생각과 글이 따로 있을 수 없다는 뜻일 것이다. 이창식 시인의 첫 시집 『생각 꼬투리』에 이어 두 번째 시집 『갈대꽃 삭고 파문 눈뜨고』를 출간한다고 하여 그의 시를 눈여겨 읽어보았다. 평자의 입장에서 분명 제1시집과 제2시집은 차별화 되고 있으며 새로운 해석의 문을 열 수 있어 기쁘다. 전체적인 시의 느낌은 사유가 깊고 넓어져 많이 발전한 모습에 놀랍기만 하다.
　이창식 시인의 시상은 아폴론적이다. 단정하고 이성적이며 결코 파토스적이지 않다. 그의 시가 아폴론적이란 말은 시작법에서도 드러나는데 자기감정 절제를 잘 유지하고 있다. 사물을 바라보는 절제된 시선은 자연과 인간의 경계를 넘는 철학적 사유와 물활론적 고양된 언어가 생명력을 지닌다. 시 편수마다 필력이 힘차고 잘 빚은 건축물 같다. 시집의 첫 페이지 '시인의 말'에서 "마음이 떠돈다//바람風 같고/바람望 같고/늪에 갇혀 허우적거리고//맴을 돌다 사라진다/징검다리 건너듯/계절을 건너고/하늘을 질주한다//손끝에 잡힐 듯 말 듯/귓속말을 걸어두고/바람이 된다//시詩가 그렇다" 저자의 내면의 풍경을 잘 보여주는 한 편의 시로 읽힌다. '바람'은 기압의 변화에 따른 공기의 흐름과, 또 하나의 '바람'은 어떤 일이 이루어지기 바라는 소망을 뜻하는 것이 중층구조를 이루며 맛깔스럽게 전달 된다. 프랑스 철학자 쟈크 데리다(1930~2004)는 현대시 시어의 의미 분석에서 일반적인 해석과 달리하는 것은 언어는 텍스트의 의미가 고정되어 있지 않으며 끊임없이 변용된다는 주장과 맞물리고 있다.

2.

현대시의 비평이 용이하지 않은 것은 불확실성 시대를 살아가는 인간 내면의 표출을 언어와 논리로 명확히 해석하기 어렵기 때문일 것이다. 감정과 생각의 세계가 파편화되기 때문인데 이것을 쟈크 데리다는 언어의 해체에서 차연差延의 의미로 해석하고 있다. 차연은 이미 문학비평 용어로 많이 사용되고 있는데, 의미의 흐름과 언어의 상호 관계가 텍스트에서 어떤 고정된 의미를 도출하는 게 아니라 다양한 해석을 가능하게 한다고 말한다. 텍스트의 구조와 그 안에 내재된 의미를 분석하고 그 의미가 다양하고 불확정적 모순이 내포된 의미를 제시한다. 그래서 텍스트의 의미는 절대적 의미를 지니지 않으며 항상 새로운 해석으로 변용된다. 다시 말해서 언어에서 그 의미가 어떻게 차이가 나고 지연되는지 의미는 항상 차이를 통해 형성된다고 볼 수 있다.

 어!
 게눈 솟듯 눈 뜨네
 새털처럼 가볍군
 세상을 불사른다
 불꽃휘몰이
 뜨거워라

 한 세상은 재 되었구나
 젖니 빠진 자리
 새 이빨 섰어
 세상을 돌리리
 후진 곳 없이
 아픈 곳 없이

 어머니의 물레같이
 편안하고 공평하게
 새 것 빚으리라
 새 세상 여리라
 따뜻함이여!
 청사靑蛇의 똬리 같은
 꿈이여!

시 「일출」 전문

연말이 되면 사람들은 일출을 만나러 동해로 간다. 사진 촬영 마니아들도 일출의 절묘한 순간을 찍으러 명소를 찾곤 한다. 을사년乙巳年은 60간지 중 42번째 해이다. 화자는 여명에 새해 맞이를 하고 있다. 푸른뱀을 의미하는 청사靑蛇의 태양이 똑같은 태양임에도 새해를 맞는 일출은 유난히 커 보이고 밝아 보인다. 정월에 보는 일출이 더 큰 것은 태양의 주기상 과학적으로도 증명되고 있다. 화자가 만난 일출은 "게눈 솟듯 눈 뜨"는 일출이다. 새털처럼 가볍고, 세상을 불사르는, 불꽃휘몰이 뜨거운 일출이다. 화자의 눈조리개에 포착된 일출의 절묘한 순간이 '게눈', '새털', '뜨거운 불꽃'으로 셔터를 누르고 있다. 그뿐만이 아니다. 솟아오른 태양은 젖니 빠진 자리에 새 이빨 섰다고 말한다. 자연현상의 하나에 불과한 태양이 시인의 눈에는 특별한 일출로 부각 되고 있어 데리다의 차연으로 해석되며 자연에 생명을 불어 넣고 있다. 마지막 연에 "편안하고 공평하게/ 새것 빚으리라/ 새 세상 여리라"는 것에서 시인의 시집 첫 번째 시로 새롭게 시작하는 꿈을 싣고 있다. 박두진의 시 「해」에 "해야 솟아라/ 해야 솟아라/ 말갛게 씻은 얼굴, 고운 해야 솟아라"와 비슷한 이미지를 떠올리게 하는 희망을 실어주는 시이다.

오솔길 걷다가
굼틀 봄이 밟힌 듯하여
까치발로 눈치 살핀다

키 작은 민들레
노란 웃음 짓고
종긋종긋 풀싹 만세 부른다

발아래 딴 세상
함부로 발 내민 일
이렇게 미안한 날도 있다

눈뜨고 못 보는 것
봄을 딛고서야 봄을 알고
길섶에 앉아 봄이 되었다

시 「봄날」 전문

　사계절의 하나인 봄은 희망의 다른 이름이다. 이 시는 자연과 인간을 동일시하며 상호의존적인 물활론적 세계관을 보여 준다. 물활론은 자연을 사물로만 보지 않고 인간과 같이 생명체가 있다고 생각하여 자연과 인간과의 관계를 조화로운 관계로 보는 시선이다. 화자는 "오솔길 걷다가/ 굼틀 봄이 밟힌 듯하여"는 봄을 살아 있는 것으로 보는 감각적이고 생동감 있는 표현이다. "키 작은 민들레/ 노란 웃음 짓고/ 쫑긋쫑긋 풀싹 만세 부른다"는 길가의 민들레들도 만세를 부른다며 생명적 교감을 하고 있으며, 키 작은 생명들이 다칠까 발걸음도 조심하고 있다는 것에서 화자는 자연을 생명이 있는 살아있는 존재로 보는 물활론적 시선이다. "봄을 딛고서야 봄을 알고/ 길섶에 앉아 봄이 되었다"는 참신한 표현으로 아직은 차가운 바람에 봄이 보이지 않지만 이미 봄을 감각적으로 느끼고 있으며 시각적 촉각적 감각적 감성을 열어놓고 화자 자신이 봄이 되고 있다. 형이상학적이며 공감각적 심상의 표현이 뚜렷한 시이다.

냉이 뿌리
얼굴에 굼틀 손등에 굼틀
가게 앞 양달에 쭈그리고
냉이를 가린다
가며 보고 오며 보는데
줄지 않는 할머니 소쿠리
쳐다보는 손님도 없는데
소쿠리에서 서커스 하는 냉이

냉이 나물의 냉이 냄새
할머니 손 냄새다
손등에 기어 다니던 냉이뿌리가
쫄깃쫄깃 씹힌다
봄이 젓가락 타고 오른다

시 「냉이할머니」 전문

  봄을 알리는 대표적인 겨울 生나물은 냉이와 달래이다. 영하의 추위를 견디고 푸른 잎을 틔우는 냉이의 생명력은 인생의 풍파를 견디고 살아온 할머니의 인생과 닮았다. "냉이 뿌리/ 얼굴에 굼틀 손등에 굼틀" 이부분은 거친 냉이의 뿌리와 할머니의 주름진 손등을 동일시하는 감각적 표현이다. 화자는 오며 가며 할머니와 바구니를 예사로 보아 넘기지 않는다. 소쿠리의 냉이가 줄지 않아 할머니를 안쓰러워하는 것에서 따스한 인간적 정情을 느끼게 한다. "손등에 기어 다니던 냉이뿌리가/ 쫄깃쫄깃 씹힌다/ 봄이 젓가락 타고 오른다"는 냉이가 살아 움직이는 생명체로 보고 있는 것이며 마치 살아서 움직이는 것으로 표현하는 의인화 기법은 해학적이며 자연과 인간과의 상호 교감을 통해 조화를 지향하는 공존의 정서를 읽게 된다. 물론 냉이가 살아 있는 생물이지만 쫄깃쫄깃 씹힌다거나 봄이 젓가락 타고 오르는 미각적 감각과 의태어 활용은 물활론적 사고로 사물을 살아 있다고 생각하는 시적 발상이 시의 텐션을 높이고 있다. 위 시는 화자의 물활론적 세계관을 뚜렷하게 드러내는 특징을 지닌다. 물활론적 사고는 인간과 자연을 조화롭게 하며 자연과의 교감을 통해 정서적으로 안정감을 준다.

3.

말을 대패질한다

편한 한마디 말
글 되면 비척이고
더 콧대 세우는 글

시의 얼굴은 글
말에서 시작하지만
날개 달고 떠도는 글

말을 깎아서
시의 옷을 입히다 보면
말뚝 하나만 우뚝

시 쓰기는
말 지우기다

시 「말 지우기」 전문

말이란 사람의 생각과 뜻을 담아 소리를 내어 상대방에게 전달한다. 오가는 대화는 말의 표현수단으로 의사소통의 교감을 이루어야 한다. 화자는 첫연 첫행에 "말을 대패질한다". 대패는 거친 나무를 매끄럽게 하는 도구이다. 화자는 시를 어떻게 쓸 것인가 고심하는 부분이다. 화자의 시 짓기 과정을 거친 나무와 대패를 비유하는 것에서 독자의 상상력을 자극한다. 다시 말해서 말을 대패질하는 것은 시의 함축성을 의미한다. 그 함축된 말이 시가 되면 비척鼻脊이 된다고 말한다. 여기서 비척은 코의 등성이로 잘 갈거나 닦인 시어가 제대로 말이 되어 '콧대 세우는' 시가 된다는 뜻으로 시의 레토릭이다. 사람의 얼굴에서 중앙에 우둑한 코는 얼굴 윤곽을 뚜렷하게 한다. 시 또한 비척인 것은 코의 등성이처럼 반듯하고 우뚝한 시가 날개 달고 세상에 나가게 된다. 그러면 시는 어떻게 날개를 달게 되는가. 인의예지仁義禮智를 바탕에 두어야 한다. 인仁은 사사로운 욕망을 절제하고, 의義는 공동체 집단을 생각하며, 예禮는 인간관계의 근본을 기억하고, 지智는 배움을 뜻하는 말을 담아야 할 것이다. 이 시에서 화자의 '말'은 시인이 시를 쓰는 말로, 즉 시어 고르기이다. 시의 얼굴은 글로써 '글은 바로 그 사람'이라는 말과 같은 것이므로 말을 깎아서 시의 옷을 잘 입히다 보면 말뚝 같은 우뚝한 시를 쓴 시인이 될 것이다. 시의 옷을 제대로 입힌다는 것은 시적 형상화가 된 글로 품격 있는 시를 말함일 것이다.

사각사각
가위 소리 가볍다
묵은 날들이 떨어진다

뭉텅뭉텅 먹구름 같고
경주마의 갈기 같더니
실비처럼 흩날린다

꼭 요만큼 길이로
몇 날을 서성거렸을까
나를 붙들고 마음 졸이고
걸음걸음 쌍지팡이 들고서

한결 가볍다
한결 새롭다
누구에게나 가을은 가볍고
누구에게나 계절은 새롭고

푸른 잎 마르다 떠난 자리
붉은 꿈 옹기종기 모이듯
갈대꽃 삭는 겨울 언저리
뽀글뽀글 파문波紋이 눈 뜬다

시「갈대꽃 삭고 파문 눈 뜨고」전문

위 시의 제목「갈대꽃 삭고 파문 눈 뜨고」는 시집의 표제이기도 하다. 갈대꽃은 가을 강가에 무리지어 피어 꽃들이 장관을 이룬다. "사각사각/ 가위 소리 가볍다// 묵은 날들이 떨어진다"는 사각사각 머리카락을 자르는 가위 소리를 차용하여 뭉텅뭉텅 바람에 날아가는 갈대를 비유한다. 갈대꽃이 바람에 흩날리는 모습을 마치 가위로 사각사각 가볍게 잘라 내는 감각적 표현이다. 바람에 날리는 갈대를 경주마의 갈기에 비유하기도 한다. 사각사각이나 실비처럼 흩날리는 청각적 감각과 시각적 감각의 상상력은 공감각적 표현의 묘사들로 싱그럽다. "한결 가볍다/ 한결 새롭다/ 누구에게나 가을은 가볍고/ 누구에게나 계절은 새롭"다는 것은 바람에 뭉텅뭉텅 잘려나간 갈대의 머리를 가볍고 새롭게 하고 있다. 묵은 것이 떨어져 나가면 새로운 것이 돋아남을 상기시키는 것에서 화자의 긍정마인드를 읽게된다. "푸른 잎 마르다 떠난 자리/ 붉은 꿈 옹기종기 모이듯/ 갈대꽃 삭는 겨울 언저리/ 뽀글뽀글 파문波紋이 눈 뜬다" 푸른 잎 떠난 자리에 붉은 꿈이 모이고 물바닥에서 파문이 눈 뜬다는 것은 자연의 신비와 함께 창작의 새로움이 눈뜨게 됨을 암시한다. 위 시는 별로 해석을 필요로 하지 않는다. 시인이 감성의 문을 활짝 열고 있어 읽으면 그대로 느껴지는 가슴에 와 닿는 시이다. 청각적 시각적 공감각적 심상의 표현들이 잘 묘사된 시이다.

바람風이나
바람뚤이나
바람이고
너는 밖에서 서성이고
나는 안에서 서성이니
서로 얼굴 맞댈 일 없을 뿐

너는 세상을 구르고
나는 생각을 구르고
뭔가를 구른다는 것
그래서 너와 나 운명 같은 것
밤하늘에 별 같고 달 같은 것
넌 너의 회오리를

난 나의 회오리를
늘 감추고 살지만
끝내 회오리는 몰아치고
때로는 희열이 되어 넘치고
때로는 쓰라린 아픔이 되고

시 「바람의 끝」 부분

위 시는 동음이의어同音異議語의 시어를 차용하여 시로 형상화하고 있다. 발음은 동일하나 뜻은 다의성을 지니는 '바람'이다. 바람風은 기압의 변화에 따라 변화하는 공기의 흐름을 의미한다. 바람望은 바램, 소망을 뜻한다. 이미 앞의 '시인의 말'에 나온 시어이다. "너는 밖에서 서성이고 나는 안에서 서성"이므로, "너는 세상을 구르고 나는 생각을 구른다"는 것에서 '바람'은 서로 얼굴을 맞댈 일이 없고 만날 일이 없는 것 같지만 화자는 '바람'을 차용해서 시의 집 짓기에 몰두하고 있다. "너의 회오리는 나의 회오리"에서 집 짓기가 수월하지 않으며, 너와 나는 운명이라고 말하는 것에서 불가항력을 보게 된다. 그러나 예술가는 죽는 순간까지 백지와 펜을 놓지 않는 것이다. 쓰리고 고통스러울 때도 있지만 희열이 될 때도 있다. 바람과 바람이 포개어지는 밀착된 불가분의 관계를 보여주는 시로 바람의 끝은 희열이 되어 넘치거나 아픔이 되기도 한다고 고백하는 부분은 데리다의 차연으로 해석하게 된다. 위 시는 사색의 그림을 그리듯 심상의 이미지가 시로 형상화되고 있다. 동일음의 다른 뜻을 지닌 바람風과 바람望이 서로 교감하며 반응한다. 창작의 실패에 대한 상실감과 완

성된 때의 기쁨을 느끼는 과정에서 겪는 고민의 깊이와 넓이, 감정의 변화를 섬세하고 진솔하게 보여주고 있다. 시인은 창작의 원초적이고 구체적인 탐구에서 리얼리즘의 영감을 얻게 될 것이다.

4.

문득 바다 가운데 섰다
사락사락 밀려와 울타리 치고
빠져갈 길 없는 비췻빛 바다
긴 호흡하고 서 있으면
양팔 사이로 가랑이 사이로
간질간질 스며드는 초록물
선 채로 푸른 산호가 되었다

간들간들 허리 채
보들보들 껴안고
삐우-삐우- 속삭이고
망둥어랑 농게 펄 밖에 불러
못난이 인물 경연한다
재미에 빠진 아이
엄마 손 놓고 갈 길 놓쳤다

빛깔을 감춘 바람
초록을 뿌렸다가
갈색을 뿌렸다가
사람을 여울에 가두고
빙글빙글 돌린다
혼을 뺀다

시 「순천만 갈대밭 5월」 전문

자연친화적인 삶이 최고의 덕목임에도 문명의 고속 발전이 자연과 인간 삶의 균형을 깨뜨리고 있다. 친화적이란 지구상에서 함께 살아가기 위해 서로를 배려하며 사이좋게 조화롭게 살아가는 것이다. 위 시는 생명의 순환과 공존의 의미를 되새기게 하는 시다. 인간중심주의를 벗어나 인간과 자연의 조화로움을 보여주는 생태학적 세계관을 담고 있는 수작이다. 생태계와 함께 존재하는 모든 생명체는 상호 생존을 존중하는 미적 특질을 보여주는 시로 자연의 사물들이 평화롭게 공존하는 내용을 담고 있다. 생태계의 이상을 묘사하는 시며, 자연 예찬의 시며. 자연을 통해 생명의 리듬을 살리는 시이다. 사락사락 간질간질, 간들간들, 보들보들, 삐우삐우 등 청각적 감각과 시각적 감각, 촉각적 감각 등 세 개의 감각이 교차하면서 공감각적인 표현들이 싱그러움을 드러내며, 하나의 감각이 다른 영역의 감각을 극대화하여 전이되고 있다. 이러한 현상은 자연과 사람이 하나가 되어 공동체적 다채로움을 보여주어 역동적 친화감을 느끼게 한다. 촉각과 청각을 시각화하는 공감각적 표현이 시에 생명력을 불어넣고 있다.

'나는 자연인'이라니
사람이 자연이다
사람에게도
봄여름 가을 겨울 있고
새싹 돋고 꽃 피고 열매 달았다가
거미처럼 기고
눈 날리는 날 있다

나무나 사람이나

사랑할 때 씩씩하고 두려울 때 떨고
숲 바닥에 누우면 하늘아래 동무
흙냄새 몸 냄새가 하나다

갯바위도 얼굴 씻고
거울 앞에 단장하고
머리 다듬어 님 마중하는 붉은 볼
사랑에 웃고 우는 사람의 얼굴이다

허물어져 가는 제 터전에서
허우적거리는 북극곰
비닐을 해파리라 착각한
바다거북의 죽음
사람이 외면할 수 없는 이유
사람이 자연이다

시 「사람이 자연이다」 전문

　TV 방송에 '나는 자연인이다' 프로를 몇 번 본 적이 있다. 이 방송에서 자연인은 법률적인 의미의 자연인이 아니다. 복잡한 도시를 떠나 공기 좋고 사람이 적은 곳을 찾아다니는, 즉 산이나 바다를 찾아 자연과 하나가 되어 사는 사람들이다. 이들은 일반인들이 사는 사회나 문화의 규정과 규범에 속박되기 싫어한다. 자연인은 대자연의 품에 안겨 자연과 동화되어 자급자족하며 욕심없이 살아가는 사람들이다. 화자는 2행에서 "사람이 자연이다"는 사람 자체가 바로 자연이라고 못을 박는다. 그래서 사람에게도 봄 여름 가을 겨울이 있다고 말한다. 사람에게 자연의 사계절을 넣은 것은 평범한 진리로 보이지만 훌륭한 시적인 발견이다. 화자는 나무나 사람이나 사랑할 때는 씩씩하고, 갯바위도 사랑에 웃고 우는 사람의 형상이라고 말한다. 그러나 인간의 환경오염으로 북극곰이나 바다거북을 외면해서는 안 된다고 말하는 것에서 생태환경적 문명비판을 하고 있다. 왜냐하면 인간이 바로 자연이므로 함께 더불어 살아가야지 외면해선 안된다고 직언한다. TV 방송에 나오는 도시문명을 외면하고 자연속에 살아가는 '나는 자연인이다'에 나오는 사람들의 이야기가 특별한 것이 아니다. 우리 모두는 더불어 사는 자연인임을 각성시키는 시이다.

5.

현대의 비극은 인간과 자연의 분리에서 온다. 어떤 삶을 살 것인가는 인간존재에 대한 성찰이다. 이창식 시인의 시는 자연과 인간을 분리해서 보지 않고 공동체로 인식하고 있으며 예술의식 또한 예술작품이 지니는 도덕적 품위를 인지하고 있다.

3년여 전 워싱턴 포스트지에 소개된 두뇌 심리학자 수잔 막사먼(존스홉킨스대학 예술심리연구소장)의 연구 결과에 의하면 예술을 즐기는 사람은 두뇌가 젊어진다는 연구 결과를 발표했다. 미美, 즉 아름다운 것을 즐기거나 추구하는 것이 두뇌에 미치는 영향 연구에서 예술 감상은 알츠하이머나 치매 예방에 효과적이라고 말한다. 창작행위는 더 효과적이다. 고로 산을 보고 물을 보고 눈을 씻고 마음을 씻는 것은 정신 건강을 지키는 효과가 있다고 한다. 이러한 철학적이고 과학적인 사유가 이창식 시인의 시에 함유되어 있다.

예술의 발전은 아폴론적인 것과 디오니소스적인 것이 대립하면서 진화한다. 우뚝한 높은 건물을 짓는 것도 중요하지만 넓은 조망권을 갖는 것도 필요하다. 꿈을 키워나가는 로고스의 상징은 조형적이며, 작가의 창작정신은 디오니소스적이지만 작품을 형상화하는 것은 아폴론적이다. 아폴론적이란 인식할 수 있는 이성의 언어로 표현되는 로고스이다.

이창식 시인의 시는 우리말을 곱게 다듬어 작품속에 녹여내고 있으며, 시 창작과정에서 한글의 아름다움과 풍부한 표현으로 시를 단련시키고 있다. 그의 시는 질풍노도와 같이 격렬하지 않으며 결코 독자를 흥분시키거나 자극하지 않는다. 잔잔하고 담백한 로고스의 에토스Ethos적 시를 짓는다. 제2시집에서 시인의 역량을 보여주는 부분이다.

사락사락, 간질간질, 간들간들, 보들보들, 삐우삐우, 촐랑촐랑 등의 의태어 의성어 활용이 우리말에 리듬을 실어 재미를 더해준다. 사물의 모습이나 소리를 흉내내는 시각적 요소인 의태어와 청각적인 요소들의 활용이 시를 유쾌하고 발랄하게 한다.

이창식 시인의 제2시집 『갈대꽃 삭고 파문 눈뜨고』는 기호로 나타내는 시어들이 간결하고 명료하다. 시적 상상력의 이미지가 시각 청착 후각 등 감각을 동원한 공감각적 심상의 표현들이 시적 텐션을 올려주어 시의 완성도를 높이고 있다. 더욱이 자연과 인간의 조화를 지향하는 물활론적 세계관이 긍정마인드를 보여주어 정서적 안정감을 준다.

이창식 시집 2

갈대꽃 삭고 파문 눈뜨고

초판 인쇄	2025년 3월 10일
초판 발행	2025년 3월 10일

지은이	이창식
펴낸곳	도서출판 책나라
등록	110-91-10104호(2004.1.14)
주소	ⓟ 03377 서울시 은평구 녹번로 3가길 14, 라임하우스 1층 101호
전화	(02)389-0146~7
팩스	(02)289-0147
홈페이지	http://cafe.daum.net/sinmunye
이메일	E-mail / sinmunye@hanmail.net

값 13,000원

ⓒ 이창식, 2025
ISBN 979-11-92271-44-6

* 이 책 내용의 전부 또는 일부를 재사용하려면
  저작권자와 도서출판 책나라 양측과 협의하여야 합니다.
* 저자와의 협의에 의하여 인지를 생략합니다.
* 파본은 구매 서점에서 교환하여 드립니다.